人種差別と植民地時代に幕を降ろした日本

上を向いて歩こう会
会長　野田将晴

はじめに

「国民の本当のバイブルは、その国民自身の歴史なのだ」（ヘンリー・ダイアー）

ここで紹介するのは、まさに私自身が体験した日本国民の歴史である「マレーシア独立秘話」です。この話は、私、野田将晴が、マレーシアでの青年海外協力隊時代（1970〜72年）に、現地の親友ラティフから聞いた話をもとに、その後勉強した内容を加味して書いたノンフィクションです。

マレーシアから帰国して14年後、再訪したマレーシアのかつての任地ジョホール・バルで、懐かしい現地の友人たちが集まって歓迎会を開いてくれた時のことが忘れられません。ラティフがいないので、どうしているのか質問しました。友人たちは、

「ラティフは、ミスターノダが帰国してからは、日本の正しい歴史を知った真の日本人がこのマレーシアにいなくなったといって、寂しがって毎日酒を飲んで酔っ払っていたよ。それで体を壊して5年前に亡くなったんだ」と言うのです。

「晩年は酔っては独り言ばかり言ってたが、よく聞くと、歴史を忘れた日本はどうなってしまうのか。アジアを解放したのは日本なのに、侵略したと思いこまされていることが悔しいと、嘆いてば

かりいたよ。だから彼を知る俺たちは皆、ラティフは、日本に恋い焦がれて狂い死んだと言ってる」と。

それを聞いた時、私は、恥も外聞もなく号泣しました。ラティフに申し訳なくて……。その場にいた友人たちも泣きました。彼らは日本のために……。彼らもラティフと思いは同じなのです。

ラティフから聞いたマレーシア独立秘話の話をするたび、彼の顔が目に浮かんでくるのです。50年たった今でも。

ニコニコ嬉しそうないい笑顔です。私は校長時代、授業でこの話を生徒たちにしてきましたが、その都度ニコニコ顔のラティフが、私を見守っていてくれていたのを魂で確かに感じていました。

このノンフィクション物語を、日本を愛し、日本人の覚醒を死ぬほど願っていた天国のラティフに捧げたいと思います。そして改めて、日本人は必ず覚醒すると、ラティフに誓いたいと思います。

ラティフと知り合ったのは、週1回の警察幹部対象の逮捕術指導の時でした。

無類の知日派で鳴らしていた彼にとって、日本の警察から来た柔道4段（当時）、逮捕術上級のインストラクターの私は、格好の話し相手だったのでしょうね。

昭和45年4月から2年間、青年海外協力隊で派遣されたマレーシア連邦ジョホール州警察でのことです。

口髭を蓄え威風堂々たる体格の漆黒の肌をした彼は、インド系マレーシア人で、34歳、私は24歳。しかし歳の差などみじんも感じませんでした。練習が終わると、必ず彼の官舎に招かれるかジャングルに囲まれた私の宿舎で、たまにはヤシ酒を飲みながら、彼の熱弁を聞く時間が宝石のように貴重でした。

英語、マレー語、片言の日本語、身振り手振りなどごっちゃまぜの会話でしたが、時間はかかっても何とか理解できたものです。

ラティフはヤシ酒に酩酊すると、必ず言いました。

「俺はインド人の血を引くマレー人だけど、世界で一番尊敬しているのは日本の天皇陛下だ。それは俺だけではないアジアの人々はみんなそうだ」

と言って、続けて、

「マレーシアやアジアの数百年間の植民地だった悲惨な歴史は、日本が大東亜戦争でオラン・プテ（白人）と戦ってくれたから、終わったのだ」

「日本の大東亜戦争は、アジアを何百年にもわたって植民地支配して、我々を奴隷のように扱ってきた欧米の国々を相手に、アジアの独立のために、我々に代わって戦ってくれたアジア独立戦争だったのだ」

と、涙ながらに訴えるのでした。

このラティフとの歴史談義は、2年間の任期中続いたのです。中でもマレーシア独立秘話は感動的でした。その彼が語った秘話の中から3つを選んで、帰国後、自分なりに勉強したことで補足しながら、皆さんに伝えておきたいと思います。

第1話は、「ハリマオ」と呼ばれた日本の青年 谷豊の話。

第2話で、「ハリマオ」を窮地から救い出し、マレーシア独立にハリマオと行動を共にした「トシサン」こと「神本利男」（カモトトシオ）の話。

そして第3話では、そのマレー作戦の事前工作の責任者で、のちにインド独立の母と言われた「F機関」の機関長藤原岩市少佐の話です。

（参考：『F機関』藤原岩市著、『神本利男とマレーのハリマオ』土生良樹著、『マレーの虎ハリマオ伝説』中野不二男著など）

目　次

人種差別と植民地時代に幕を降ろした日本

第1話「ハリマオ」と呼ばれた日本の青年　谷豊

妹の殺害と不当裁判に納得できず義賊になった男

ラティフの話の中で幾度も「ハリマオ」という英雄の話が出てきた。マレー語で「ハリマオ」は虎のこと。「ハリマオ」とあだ名で呼ばれることは、彼らの最高の尊敬の気持ちを表していることを知っていた。だからはじめは、ハリマオとは、てっきりマレー人の英雄のことだと思って聞いていた。

しかし、そうではなく「ハリマオ」が日本人の青年のことだとわかったのは、しばらくたってからのことだ。

ノンフィクション作家中野不二男氏の著書『マレーの虎ハリマオ伝説』に、谷家のことは詳しい。一部引用しながら紹介する。

ハリマオの本名を「谷 豊《たにゆたか》」という。福岡出身の谷浦吉とトミの長男として、明治44（1911）年に生まれた。豊が1歳の時、谷一家は、マレー半島東岸の町トレンガヌに移住した。

父浦吉は、理髪店を営んでいた。昭和6年、満州事変勃発の年、浦吉は53歳でこの世を去った。浦吉没後は、トミを中心に女手で店を切り盛りしていた。豊は、徴兵検査のため帰国し、その後福岡の民間会社で働いていた。

当時のマレーシアは、イギリスの植民地支配の下にあった。昭和12（1937）年シナ事変が始まり、マレーシアでも華人（華僑）やイギリス人の間に反日機運が広がっていった。

そんなある日、その事件は起こった。華人（オラン・チナ）の一団が、町中の日本人の商店などを次々に襲撃して、暴力を働き金品を強奪していく事件だ。

谷家では2階で風邪をひいて寝ていた5歳になるシズ子が犠牲になった。暴徒は幼いシズ子の首を切り髪をつかんで振り回し談笑しながら、意気揚々と身を隠していた谷家の家族の前を通り過ぎていったと『マレーの虎ハリマオ伝説』で、報告されている。

家族がその首がシズ子であったことに気づいたのは、暴徒が過ぎ去った後、シズ子の変わり果てた亡骸を見た時だった。

その事件の犯人たちは、植民地政府のイギリス人警察官に逮捕され、裁判にかけられたが、半年後に無罪で釈放されたというのだ。

豊は、日本の新聞でこのことを知ってマレーに帰り、何度も植民地政府や裁判所に抗議したが、取りつく島もない。それどころか、豊を逆に逮捕して収監してしまう有様だ。

やっと釈放された豊が、妹シズ子の敵討ちを誓ったのはこういういきさつの結果だった。

その後豊は、裕福なイギリス人や華人の家に押しこみ、強盗を働き、盗んだ金品は、貧しいマレー人やインド人に配る義賊となった。しかし傷つけたり殺したりは一切しなかったと、ラティフは自分の兄弟を誇るように、この話をするとき、胸を張った。

「ハリマオは正義の味方だ」と。

そんな豊を、マレーの人々は「ハリマオ」と畏敬の念を込めて呼ぶようになり、ハリマオの男気と義侠心にあこがれたマレー人の子分は3千人にも上り、イギリス人や華人を震え上がらせるまでになった。そんなハリマオの首には植民地政府から高額の賞金が懸けられ、お尋ね者になっていた。

その頃、彼はイスラム教に帰依し、名前は、モハマッド・アリー・ビン・アブドラーといった。

英国の植民地マレーで展開された「ハリマオ作戦」

ハリマオと呼ばれるようになった谷豊に目を付けたのは、大東亜戦争の開戦を控え、マレー・シンガポール作戦の事前工作の大任を与えられた藤原岩市少佐だった。

藤原の任務は、日本陸軍がマレー半島に侵攻してくる前に、マレー人を日本軍に協力させるための事前工作と、イギリス軍兵士としてインド本国からマレーへきているインド人将兵を味方につけて、イギリス軍をマレー半島で孤立させることだった。

藤原少佐は、マレー人工作の任をハリマオに期待した。日本軍の進軍する前方で、現地のマレー人を懐柔して日本軍に協力させる作戦だ。マレーを植民地から解放するという大東亜戦争の大義の戦いのためには、マレーの人々の協力はどうしても必要だった。

これはのちに「ハリマオ作戦」と呼ばれた。

そして藤原は、ハリマオとの接触とその後の作戦の指導を、満州警察官で道教系の武闘派拳法の達人として満州の馬賊に恐れられた豪傑神本《かもと》利男《としお》に求めた。

この3人の日本人の働きが無かったら、マレー作戦の大勝利はおぼつかなかったし、戦後のマレーシア独立やアジアの国々の独立も夢と消えていたことは間違いない。

当時のアジアは、マレーシア、シンガポール、ミャンマー、そしてインド、パキスタン、スリランカはすべてイギリスの植民地。インドネシアはオランダ、フィリピンはアメリカ、カンボジアとラオス及びベトナムはフランスの、それぞれ植民地だった。

皆さんは植民地といってもピンと来ないかもしれない。70数年前まで、つまり第2次世界大戦が終わるまで、世界は、欧米列強と言われていた白人国家が圧倒的な軍事力で侵略して、有色人種の国を片っ端から植民地として支配する時代だった。

現地の人々を虐殺し、土地や財産を奪い、その国を乗っ取り、その後数百年にわたってその国の国民を奴隷のように支配し、資源を収奪しまくった。この植民地時代は、「コロンブスのアメリカ大陸発見」から約500年間続いたのだ。まさに世界史の暗黒の時代だ。

有色人種の中で植民地にならず完全な独立国家だったのは我が日本だけだった。それは私たち日本人のご先祖が、植民地にならないよう知恵を絞り勇気を奮って戦ってくれたおかげだ。日本の独立が維持できていなかったら、今も、人種差別と植民地時代が続いていた可能性は高い。

「ジョヨヨボが来た！　ジョヨヨボが来た！」

マレーシアは、16世紀の初めにポルトガルの植民地に、17世紀の中ごろからオランダの植民地、そして1874年からイギリスの植民地となった。1957年に独立するまでの約450年もの間、宗主国が入れ替わり立ち代わりして、植民地にされ、虐げられてきたのだ。

イギリス人教育者ヘンリー・ダイアーは、日露戦争のさなかに著した『大日本』の中で、「国民の本当のバイブルは、その国民自身の歴史なのだ」と書いた。まさに明治維新後の激動の歴史は、その後の日本人の「本当のバイブル」となって、それはアジアの植民地からの解放へと展開したのだ。

さて、ラティフの熱弁が続く。

マレーの大地からイギリス軍を追い出してマレー人の手にこの国を取り戻すために、日本軍はイギリス軍と戦うのだというトシサン（神本利男）の話に感動し、同志となったハリマオは、マレー人の子分を集めて檄を飛ばした。

「俺たちの国マラヤ（現マレーシア）が、白人たちに奪われて450年、マレー人による独立運動はことごとくオランダ・プテ（白人）の軍隊に潰され、独立の勇士はすべて虐殺されてきた。しかし、今、日本軍がイギリス軍をこの地からイギリス本国へ追い帰す為に、戦ってくれることになった。俺たちマレー人に代わって日本軍が戦ってくれるのだ。その日本軍と共に我々『ハリマオ団』も戦うのだ」

子分の中で最年長で吹き矢の名人ヒザンが立ち上がって叫んだ。

「ジョヨヨボが来たのだ!! 待ちに待ったジョヨヨボとともに戦う日が来たのだ。我々はアラーの神に感謝する」

爆薬扱いの名人ムサも、手斧投げの達人カリムも、ジャングルの樹から樹へ猿のように飛び移って移動できるラーマンも、次々に立ち上がってこぶしを振り上げて叫んだ。

「ジョヨヨボが来た! ジョヨヨボが来た!」

歓喜の叫びがジャングルに響き渡った。

マレー人社会では、ジョヨヨボの予言という神話があった。それは
「北方の黄色い人達が、いつかこの地に来て、白い悪魔の支配者を追い払い、短い期間白い悪魔に代わってこの地を支配する。しかし、やがて黄色い人たちは北へ帰り、正義の女神に祝福される平和な繁栄の世の中が完成する」(『神本利男とマレーのハリマオ』P275)というものだ。この日本軍のマレー侵攻はマレー人にはその神話そのものだったのだ。

わずか50日でマレー半島1千キロを制覇

大東亜戦争の開戦を控え、マレー・シンガポール作戦の事前工作の大任を与えられた藤原岩市少佐は、F機関を組織して、「ハリマオ作戦」を軌道に乗せていった。タイ東岸のシンゴラとバタニの

海岸に上陸した日本軍の主力がマレーに侵攻するには、タイ国境から約30キロマレーに入ったイギリス軍の堅固な防御陣地ジットラ・ラインの突破が地形上不可欠だった。F機関の最初の作戦は、このジットラ・ラインの攪乱だったのは言うまでもない。

さて、ラティフの話は続く。

「ジットラ陣地は、イギリス軍はどんなに日本の大軍が攻撃しても、3か月は持ちこたえることができると豪語していたのさ。しかし、その工事は大幅に遅れていた。ハリマオの子分たちがマレー人労務者に紛れて、セメントを盗み出すは、鋼材は持ち出すはで、妨害する。彼らはその道のプロだからな」

と、警察官のラティフが誇らしげに話すのが滑稽だった。

彼らは情報収集のプロでもあったから、ジットラ陣地に潜入して必要な資料や情報を収集して藤原機関長に報告もした。

その効果は絶大だった。3か月は持ちこたえるとイギリス軍が国際社会に豪語していたジットラ陣地は、日本軍の攻撃で、わずか2日間で陥落したのだ。

マレー戦線の緒戦のこの快挙は大きな心理的効果をもたらした。その後の東南アジアにおける大東亜戦争の勝利を決定づけることになったのだ。

「日本軍は強いぞ。イギリス軍は張子の虎だ」

という評価が一気に世界中を席巻していったのだ。

当時のイギリスは世界の3分の1を支配下に置く覇者であって、そのイギリス軍が誇る強固な陣地をたったの2日で陥落させたのだから、無理もない。

12月12日にジットラ陣地を突破した日本軍は、19日にはペナン島占領、翌年1月11日には首都クアラルンプール占領、同31日にはマレー半島の突端ジョホール・バル占領と破竹の勢い。わずか50日でマレー半島1千キロを制覇した。

日本がアジアの国々を侵略したと教えているが話が全く違う

そんなラティフに、私は尋ねた。

「ラティフよ、ちょっと待ってくれ。日本では戦後の教育で、あの戦争は、日本がアジアの国々を侵略したと教えているが、話が全く違うじゃないか。日本軍が戦ったのは、アジアを支配していた欧米列強を相手に、アジアの独立のために戦ったのであって、現地の人々は日本軍に協力したということか?」

ラティフの話をさえぎって質問した私に対して彼は、

「ノダ、日本でどういう歴史教育がなされているか俺にはわからんよ。しかし今俺が話していることがマレー(現マレーシア)での大東亜戦争の真実さ」

そして、

「日本は大東亜戦争には最後は負けたけれど、俺たちアジアの国々が第2次世界大戦後、みんな独立できたのは、間違いなく、日本が俺たちに代わって大東亜戦争というアジアの独立戦争を戦ってくれたからだ」

と、ラティフは、男泣きに泣きながら私に訴えるのだった。

「日本が負けて、本国に追い帰されていたオラン・プテ（白人）は、また植民地支配を復活しようとアジアに舞い戻って来たんだ。しかし誇りと自信を取り戻したアジアの人々は、自分たちで独立を勝ち取るために戦ったんだ。隣のインドネシアでは、日本軍の兵隊さん2千名が、インドネシアに残って現地のみんなと一緒に戦ってくれたんだよ」

アジアの国々は、次々と独立していった。

インドネシアとベトナムは1945年、フィリピンは1946年、インドは1947年、ミャンマーは1948年、カンボジアは1949年、ラオスは1950年、そしてマレーがマラヤ連邦として独立したのが1957年、1963年にボルネオのサバ州・サラワク州を加えてマレーシア連邦に。シンガポールは1965年マレーシアから分離独立している。

マレー作戦大勝利には現地の極めて過酷な困難があった

さて、ハリマオの物語は続く。

マレー・シンガポール工作を命じられた藤原岩市は「F機関」（フジワラ、フリーダム、フレンドシップの頭文字をとって命名された）を組織して、ハリマオ団などの活躍で緒戦のジットラ陣地の攻防戦で日本軍の奇跡的大勝利を導いた。

この戦いに惨敗したイギリス軍は、破竹の勢いで迫る日本軍の前になすすべもなく敗退に敗退を続けた。

ハリマオ団は、敗退するイギリス軍に先回りして、ジャングルの奥深く山中を突き進み、マレー人のカンポン（集落）を訪れては「ジョヨヨボの聖戦」を宣伝して、日本軍への協力要請と共に、独立への熱い思いを語って、宣撫《せんぶ》（日本軍の方針を伝えて住民を安心させること）に全力を上げた。

このハリマオ団の八面六臂《はちめんろっぴ》の大活躍があったればこそ、マレー人の協力を得てこのマレー作戦を大勝利に導くことができたのは間違いない。

しかしその活動は極めて過酷で困難を極めるものであったことは、後日生き残ったハリマオ団の吹き矢の名人ヒザンの述懐を待たずとも容易に想像できた。

マレーのジャングルは、私も協力隊時代、柔道の教え子たち（警察暴動鎮圧隊員）の案内で探検のまねごとをしたことがあるが、過酷なんてものではない。高い樹上から降ってくるヒル。猛毒の蛇、キングコブラやブラックコブラはいたるところに待ち構えている。ホエザルの鳴き声をきっかけにジャングル中が人間を拒絶するかのように一斉に動物や鳥たちが鳴き叫ぶ。

もちろん本物のハリマオ（虎）や黒豹や象に出合うこともあるという具合。

しかし最も怖いのは蚊の大軍の襲来だ。ハリマオこと谷豊青年はこれにやられた。マラリアの感染だ。ジャングル暮らしに慣れたハリマオもマラリアには勝てない。40度を超える高熱が何日も何日も続いて体力を容赦なく奪っていく。それでも彼はハリマオ団の先頭に立ってイギリス軍を苦しめた。

母への手紙「お国のためしっかり働けとお励ましください」

話は少し戻るが、開戦を控えたころ、ハリマオこと谷豊は、すでに郷里の福岡に帰国していた母への手紙をしたためていた。「F機関」（藤原岩市著）から引用して紹介する。

「お母さん。豊の長い間の不孝をお許しください。豊は毎日遠い祖国のお母さんをしのんでご安否を心配いたしております。

お母さん！　豊は日本参謀本部や藤原少佐の命令を受けて、大事な使命を帯びて日本のために働いております。

お母さん、喜んでください。豊は真の日本男児として更生し、祖国のために一身を捧げる時が来ました。豊は近いうちに単身英軍の中に入っていってマレー人を味方にして思う存分働きます。生きて再びお目にかかる機会も、またお手紙を差し上げる機会もないと思います。

お母さん！　豊が死ぬ前にたった一言！　今までの親不孝を許す。お国のためしっかり働けとお励ましください。

お母さん！　どうかこの豊の願いを聞き届けてください。そうして、お母さん！　長く長くお達者にお過ごしください。お姉さんにもよろしく」

昭和17（1942）年2月15日午後、シンガポールのブキティマのフォード自動車工場で会見した日本軍の山下奉文司令官とイギリス軍のパーシバル司令官は、山下司令官の「イエスか、ノーか」の一声で、イギリス軍の無条件降伏で決着した。マレー・シンガポール作戦の勝利の瞬間だ。開戦からわずか70日間の戦いだった。

ハリマオは、ジョホール・バルの野戦病院で、無理に無理を重ねてマラリアをこじらせ高熱で意識朦朧《もうろう》とする中で、この歴史的な朗報を聞いた。

開戦前、ハリマオを監獄から救い出し、一心同体となってハリマオの作戦指導を担当し、行動を共にしてきた「トシさん」こと神本利男は、F機関長藤原岩市少佐の命令で重体となったハリマオを、ジョホール・バルの野戦病院からシンガポールの病院に移して、ベッドに横たわるハリマオに、母親から届いたばかりの手紙を読んで聞かせた。

「豊さん、お手紙を拝見してうれし泣きに泣きました。何べんも何べんも拝見いたしました。真人《ま》間、正しい日本人に生まれ変わって、お国のために捧げて働いてくださるとの御決心、母も姉も夢かと思うほどうれしく思います。

母もこれで肩身が広くなりました。許すどころか、両手を合わせて拝みます。どうか立派なお手柄をたててください。母をはじめ家内一同達者です。母のこと、家のことはちっとも心配せずに存分にご奉公してください」(『F機関』より引用)

ハリマオは、神本利男の目を見つめて「トシさん、ありがとう。楽しかったよ」と言った。「本当に楽しい1年だったなあ。俺の方こそ礼を言うよ。ありがとう」と神本が返す。二人の男にとってこの1年は筆舌に尽くしがたい艱難辛苦《かんなんしんく》の日々であったはず。しかし、マレーやシンガポールを、長い間植民地支配し搾取の限りを尽くしてきたイギリス軍を相手に戦った、植民地解放戦争の最前線に参戦し、イギリス軍の降伏を見ることができたことが、この二人の日本男児に「楽しい1年だった」と、生と死の別れ際に述懐させたのだった。

その2日後の昭和17年3月7日、シンガポールの病院にてハリマオは病没した。享年30歳。願い通り、死ぬ前に、それまでの親不孝に対する母の許しを得て、あの世へと旅立った。

ハリマオの訃報《ふほう》に接した藤原岩市少佐は、悲しみに暮れながら民間人の協力者の立場であったハリマオこと谷豊を軍属として陸軍省に登記し、その結果、マレー作戦の大成功及び戦後のマレーシア独立の立役者となった英雄「谷豊」は、靖国神社に英霊の一柱としてまつられている。ラティフは言った。ハリマオは、永遠に俺たちマレーの英雄になった、と。

第2話　マレーシア独立にささげた命　豪傑トシさん

トシさんの最初の任務はハリマオの説得だった

第1話で、ハリマオこと谷豊の最期を看取った「トシさん」のことについては、ハリマオと同じくらいの頻度で、ラティフの話に出ていたが「トシさん」という通称だったから、帰国後随分調べたが、なかなかその本名すらわからなかった。

そして、やっとそれが「神本利男」（カモトトシオ）氏のことだとわかったのは、ある本との出合いだった。平成になって何年もたった時である。土生《はぶ》良樹《よしき》氏の著になる『神本利男とマレーのハリマオ』という本だ。

著者の土生さんは、「トシさん」と同じ拓殖大学のご出身で昭和8年生まれの広島出身。昭和44年にマレーシアに渡り、マレーシア農業大学講師として長年現地で活躍され、日本とマレーシアの友好親善にも大きな功績を残されている方である。

またマレーシアに日本の空手を広められたことでも有名である。空手は8段の大先生である。私が青年海外協力隊でマレーシアに渡ったのが昭和45年だったから、その1年前から現地で活躍しておられた方だ。

この土生先生が、平成8年に展転社から出版されたこの本は、長年にわたって現地で取材と調査を重ねられて完成した名著である。

この一連のマレーシア独立秘話シリーズは、藤原岩市著『F機関』とともに、大東亜戦争史の真実を知るうえで、第1級の資料である。この一連の連載を執筆する上でずいぶん参考にさせていただいた。

神本利男は、F機関長藤原岩市少佐のアジア独立の大義にかけた情熱に共感して、F機関の一員として生涯をささげる覚悟を決め立ち上がったのだった。そして最初の任務となったのが、ハリマオこと谷豊の説得だった。

神本は、ハリマオとなった谷豊に日本人として最初に接触した人物となった。そして日本軍のマレー・シンガポール侵攻に際して、現地のマレーの人々を説得して、日本軍に協力してもらう事前工作を一緒にやろうと呼びかけたのだ。

この二人の日本男児の事前工作の働きがなかったら、マレー・シンガポール作戦は失敗に終わっていたのは間違いない。彼らの働きがあったからこそ、日本軍のこの作戦は空前の大勝利をおさめ、世界中の有色人種、とりわけアジア各国の数百年にも及んだ植民地支配のなかで虐げられてきたアジアの民に、自信と勇気を与え、戦後の植民地からの独立への巨大なエネルギーとなったのであった。

つまり、人類史から、白人による有色人種の植民地支配と人種差別というおぞましい歴史を終わらせた、燦然《さんぜん》と輝く日本の栄光の歴史は、この二人の出会いが出発点となったのだ。

さて、ラティフの熱弁は続く。

「マレーの植民地政府（英国）から高額の懸賞金がその首にかけられていたハリマオは、タイ国の官憲に逮捕され、マレーとの国境から数十キロにあるタイ南部の町のハジャイ監獄に収容されていたのさ。

ハリマオ団は、マレー国内で暴れまわり、タイに逃げこむというパターンを繰り返していたようだ。タイ国内での懸賞金はわずかなものだったし、それどころか義賊となったハリマオの人気はタイ人の間でも圧倒的で、一般民衆はハリマオの味方だったんだよ。盗賊なのに、正義の味方、そして弱い者の味方だったからな」

ラティフは、自分が現職の警察官であることを忘れたかのように、盗賊ハリマオ団のことを自慢するのだった。

マレー工作ができるのは世界広しと言えども君しかいない

『神本利男とマレーのハリマオ』によると、トシさんは、南タイの裏社会を牛耳るクンロン親分の協力を得てハリマオの救出に成功したようだ。

クンロン親分は、トシサンと同じ道教系の拳法の同門だった。満州の警察官だった神本利男は、上司の許しを得て、今でいう休職の立場で、道教の総本山で3年間の超人的拳法修行に励み、最高位門弟のお墨付きを頂いていた。もともと彼は拓殖大学で空手を極めた武道家だったから、上達は驚異的な早さだった。この拳法は北拳といって、満州では馬賊(ならず者の集団)から農民までが身に着けるいわば護身のための武術でもあったようだ。最高位門弟の称号を得たトシさんは、馬賊たちからも恐れられる存在になっていた。

クンロン親分はその北拳の同門でトシさんより格下だった。

ハリマオに会わせてほしいというトシさんの願いを聞いたクンロン親分は、手下を使ってすかさず手を打ってくれた。ハジャイ監獄の看守長に話をつけてくれたのだ。監獄の看守にまで親分の影響は及んでいたのだ。

トシさんこと神本利男が、釈放されたハリマオこと谷豊と初めて会ったのは、クンロン親分が手配した町はずれの粗末な一軒家だった。狭い部屋の中で、粗末なテーブルをはさんで二人は向き合って座った。窓は周りの目を憚って締め切ってあり、40度はるかに超える蒸し風呂のような中でトシさんは話し始めた。


「谷君、間もなくこのマレー半島で戦争が始まる。マレー半島を植民地として長い間支配してきたイギリス軍と日本軍が戦うのだ。ぜひ君の力を貸して欲しい」

このように切り出したトシさんに、ハリマオが怒りをあらわにして反発した。

「俺は、日本人は大嫌いだ。その日本になぜ俺が協力するのだ。お前は俺の妹がオラン・チナ（華僑）の強盗団に殺されて、犯人どもを逮捕したオラン・プテ（白人）が、ろくな裁判もせず無罪釈放したのに抗議していた時、日本人たちは、俺に何と言ったか知ってるか。手助けするどころか、あきらめろだとよ」

「そして自力で俺は立ち上がって復讐を始めた。すると今度は、やれ盗賊だ。日本人の面汚しだとぬかしやがる。そんな日本人に協力しろだと？　冗談も休み休み言え。それに俺はもう日本人ではない。ムスリム（イスラム教徒のこと）に帰依したれっきとしたマレー人だ」

「そうだったな。君のマレーの名前はモハマッド・アリー・ビン・アブドラーだったな。今からはアリーと呼ばせてもらうよ。アリー君、君がマレー人ならなおのことだ。このマレーの大地は誰のものだ？　もちろんマレー人のものだよな。

しかし450年もの間、オラン・プテ（白人）に国は奪われ、マレー人は奴隷扱い、富は収奪され、独立目指して何度も立ち上がったが、その都度圧倒的な軍事力で潰され、関係者は皆殺しにされてきたではないか。この戦争は、このマレーをはじめアジアの地から、オラン・プテを本国へ追い帰して、アジアの国々を解放して独立させるための戦争なんだ」

神本の、静かな中にも熱誠あふれる一言々々が、ハリマオには、魂の叫びに聞こえた。ハリマオの顔から怒りが消え、日本青年の正義感と使命感がよみがえってきたのを、神本利男は見逃さなかった。

「アリー君、このまま戦争が始まったら、日本軍はとてもイギリス軍には勝てない。勝つためにはマレーの人々の協力がどうしても必要だ。マレー人とともにマレーの独立戦争を戦うのだ。そのためにはアリー君、君の力が必要なんだ」

「お前の言うことは分かった。しかし俺にそんな力はない。買いかぶりだ」

「いやアリー君、君にしかできないことが山とあるよ。日本軍はマレーの地理も知らない。

案内役がいる。イギリス軍の陣地も調べにゃならん。イギリス軍の兵器や兵員、そして何より、イギリス軍の後方に回ってマレー人のカンポン（村）を日本軍の味方にして協力してもらわにゃならん。それができるのは、アリー君、世界広しと言えども君しかいない」

ハリマオの胸は熱く燃えた。幼い妹を惨殺した犯人を逮捕しながら無罪釈放したオラン・プテへの復讐心が、マレー解放の戦いが始まることへの興奮に加わったのは言うまでもない。

神本利男は明治38年生まれ、ハリマオこと谷豊は明治44生まれ、神本が6歳年長だった。二人はこの作戦に協力して当たることを盟約し、義兄弟の契りを結んだ。

以来、アリー、トシさんと呼びあい、まずは、ジットラ陣地の調査から始めることを決めて二人は、次の落ち合う時と場所を約束して、別れた。

ラティフの話に戻る。

「ハリマオはトシさんと日本軍に協力することを約束した日、君は今からはマレーの人々とともに、マレー独立の英雄になるのだから、もう盗賊はやめろよと言われ、彼は子分を集めて、ちゃちな盗賊はやめて、オラン・プテから植民地を取り上げる大盗賊になることを宣言したのさ」

と、眼を輝かせて話すのだった。

神本利男の経歴は『神本利男とマレーのハリマオ』に詳しい。

ハリマオこと谷豊との盟友関係の構築に成功した神本利男は、明治38年9月18日、島根県から北海道十勝平野の開拓農民として入植した神本利七の次男として生を受けた。利七は、大東流合気柔術の創始者武田惣角の直弟子だった。

利男は尋常小学校を卒業したとき、島根の祖父に引き取られ、当地の高等小学校（10歳から14歳）、中学校を卒業後、東京に出て拓殖大学に入学した。

昭和6年、拓大商学部支那語（中国語）科を卒業した利男は、病床にあった父利七への孝養を尽くすため、満州開拓の夢をあきらめて北海道に帰郷し、警察官となった。

大東流合気柔術の達人だった父の影響を受けた利男は、小学時代は相撲、中学時代は柔道、拓大時代は空手で鍛え上げた武道家だったから、警察官になったのも必然だったのかもしれない。

そんな利男に一大転機が訪れる。病床にあった父が病没したころ、満州警察の幹部になっていた大学の先輩の尽力で、満州警察に転勤することとなったのだ。

その利男が、藤原岩市F機関長の下で、ハリマオとともに、マレー・シンガポール作戦大成功の英雄となるのだ。

一触即発の国際情勢

さて、話を当時の国際情勢に移そう。

日本を取り巻く情勢はまさに風雲急を告げていた。ヨーロッパでは1939年9月、ドイツがポーランドに侵攻して、第2次世界大戦が勃発した。ドイツとイタリアがイギリスやフランスなどの他のヨーロッパの国々を相手に戦争を始めたのだ。

フランスは、ドイツ軍に降伏し首都パリは占領され、イギリスも、風前の灯の状況にあった。イギリスがその危機を乗り切るために頼ったのがアメリカだった。

しかし、時の大統領フランクリン・ルーズベルトは、大統領選挙の際、ヨーロッパの戦争には介入しないことを公約して当選したいきさつがあって、簡単にはチャーチル英国首相の援軍派遣の要請に応えることはできない事情があった。

そこでルーズベルトが一計を案じたのが、ドイツ、イタリアと同盟関係にあった日本に、アメリカを攻撃させ、それを理由に第2次世界大戦に参戦することだった。

日本は、ABCD経済包囲網（アメリカ・イギリス・中国・オランダとそれらの国の植民地）によって、石油などの全面禁輸が強行され、苦境に立たされたが、それでも天皇陛下の平和的解決の思し召しの下、必死で外交努力を続けた。

しかし、アメリカに平和的解決の考えは初めからなく、外交交渉は取り付く島もない状態であった。

そしてついに、昭和16（1941）年11月26日、アメリカのハル国務長官は、日本の野村大使と栗栖特派大使に対し最後通牒となるハル・ノートを手渡した。

最後通牒というのは、外交交渉を打ち切るという意味である。つまりあとは戦争で決着するか、戦わずして降参するしかないよ、という意味なのだ。

こうして日本に戦争を仕掛けたのは、アメリカのルーズベルト大統領（第32代）だったことは、第31代アメリカ大統領のハーバート・フーバーが、1946年5月4日、マッカーサー連合国最高司令官との会談において証言している。

こうして日本は大東亜戦争に突入せざるを得ない状況に追い込まれた。この戦争は日本の独立を守る自存自衛と、東亜新秩序（アジア諸国の植民地からの解放と独立による自由アジア）の建設が目的であったことは、開戦の詔書で明らかである。

12月8日、日本海軍は、ハワイ真珠湾に集結していた米海軍艦隊を攻撃し、大戦果を上げた。

一方日本陸軍は、同日未明、マレー半島の東海岸4か所に上陸を敢行した。タイ側のシンゴラ、バタニ、タベー。そしてマレー側のコタバルである。

シンガポールには、イギルス海軍が誇る戦艦プリンス・オブ・ウェールズと巡洋戦艦レパルスが、アジアの植民地の守護神として君臨していたが、日本海軍航空隊は機雷と爆撃攻撃で、開戦3日目の12月10日午後2時過ぎ、2艦とも撃沈した。この戦果は日英双方の軍の戦意に大きな心理的効果をもたらしたことは言うまでもない。

トシサンとハリマオの大活躍

さて、ラティフの熱弁に戻ろう。

開戦前のジットラ陣地の神本利男とハリマオ団の活躍ぶりについての、身振り手振りを交えての英語とマレー語、たまに日本語を交えて熱弁が続く。不思議に私の不十分な語学力でも理解できた。ジットラ陣地を攻略しない限り、タイ側の3か所に上陸した日本軍は、マレーに侵攻できない。マレー側のコタバルに上陸した一軍は、包囲され全滅しかねない。極めて重要な作戦だ。

「オラン・プテ（イギルス軍）は、ジャングルと湿地帯に囲まれたこの地に、大量のコンクリートと鉄材で堅固な防御陣地を建設して、ここで日本軍を食い止める作戦だったのさ。工事は急ピッチで進んでいたが、『トシサンとハリマオ』は、工事現場のマレー人の労務者に手下を潜入させ、工事の妨害を企てたのさ」

「セメントや鉄材を片っ端から盗み出して沼地に捨てるわけだ。盗賊団の彼らにとってこんなことはもともと本業だからな。しかも盗んだものをそこら中にある沼に捨てるだけだからこんなのはお安い御用だ。そして建設用の機械類もこっそり忍び寄って故障させるから、工事は全く進まない」

「さらに工事現場から得られる貴重な英軍に関する情報や資料がことごとくハリマオからトシサンに報告されたのさ」

「こうして、オラン・プテが日本軍の総攻撃にも、3か月はもつと世界に向かって豪語していたジットラ陣地は、攻撃開始後わずか2日で陥落したのだ」

ラティフの話は佳境に入っていた。聞いている私も、身を乗り出して、それから、それからと続きを催促しながら、夜は白々と明けてくるのも忘れていた。

「ともかくジットラ陣地を突破した日本軍は、自転車に乗ってジャングル内の獣道や地元民しか知らない近道などを、ハリマオ団の連中が道案内して破竹の勢いでシンガポールに向けて進軍したんだ」

「イギリス軍は、ジットラで敗れ、プリンス・オブ・ウェールズとレパルスは簡単にやられるわで怯《おび》えてしまって逃げる一方だ。おまけにハリマオは、手下とともにジャングルを先回りして、イギリス軍の退路にあるマレー人のカンポン（村落）で、ジョヨヨボが来たぞ。みんなで日本軍に協力するぞと訴えていく」

「イギリス軍はマレー半島のいたるところに堅固な陣地を作っていたから、マレー人の協力がなければとても勝利は覚束《おぼつか》なかったのは間違いないよ。マレー・シンガポール作戦の成功は、トシサンとハリマオの活躍があったからだと、我々マレーシアの人間は確信しているんだ」

トシさん満洲国国境警備隊での豪傑ぶり

ここで「トシさん」こと神本利男の豪傑ぶりを紹介しておこう。表題が「豪傑トシさん」だから。これも『神本利男とマレーのハリマオ』（土生良樹著）を一部引用しながら概略紹介しよう。

トシさんが転勤となったころの満洲（現在の中国北東部）は、王道楽土・五族協和を標榜して満州国が建国されていた。五族というのは、満州人、韓国人、蒙古人、中国人、そして日本人のことで、この極東アジアの五民族が仲良く暮らす理想郷を建設しようというものだった。（38ページの

コラム参照）

その理想に共鳴した多くの日本人が、満蒙開拓に夢を託して渡満した。

トシさんは、道教と拳法のメッカ千山で3年間にわたる人間離れした修行の後、満州警察に復職しての勤務地は、ソ連との国境近くの国境警備隊だった。その時代のエピソードである。

〈満州に豪傑神本あり〉（『神本利男とマレーのハリマオ』から一部引用）

昭和13年7月13日、トシさんは満ソ国境線にある監視所で任務についていた。折悪しく濃霧がかかって、天気が良い日だったらソ連領のシベリアの果てしなく続く針葉樹林が一望に見渡せる山頂の巨岩の上で座禅を組んでいた。眼下に濃霧が広がり、まるで雲の上に座っている気分だった。その岩の間から突如軍服を着た大男が現れたのだ。ソ連の極東内務人民委員会長官のリュシコフ大将だとわかるのに時間はかからなかった。その日、大将は数人の幕僚を引き連れて国境視察に出ていたが、濃霧の中、彼らを見失いさまよっていたのだ。それは亡命目的で、同行した部下から意図的に身を隠した行動だったことは、後でわかった。

その当時、ソ連では指導者スターリンによる反対派の血の粛清（処刑）が猛威を振るっている時代であって、リュシコフ大将の身にもその危機が迫っていることを、彼自身感じていた。迷いに迷った彼は、満州を経由して、アメリカに亡命したいと思っての行動だったのである。

気配を消して座禅を組んでいたトシさんに出くわしたリュシコフ大将は、思わず腰に下げた拳銃に手をかけた。トシさんは、千山で修業した秘伝の技で目にも止まらない速さで巨漢の背後に回り、拳銃を握っている彼の手の急所を抑え、一方の手でまるでシベリアの熊のような大男の首筋に当て身を入れた。これで巨漢はどっとトシさんの足元に崩れ落ちた。

トシさんは気絶したソ連軍の大将の巨体を、ひょいと肩に担ぐと、足音もなく岩陰から出て山を下り、息も切らさず麓の監視所まで運んだ。途中何度かその巨体が蘇生しようとするたびに脇腹の急所を打って眠ってもらった。

極東シベリアでソ連の最高権力者を自負するリュシュコフ大将の国境侵犯の現行犯逮捕だった。この一件は日本国内で大きな話題となり、トシさんこと神本利男の名は日本中に鳴り響いた。「満州に豪傑神本あり」と。

※コラム　満州国について

満州は、現在の中国北東部とロシア沿海地方のこと。もともと満州族（女真族）の地。17世紀に満州族が清朝を興し、支那（中国）全土に勢力を及ぼし、支那は、明から清となった。

一方、明治維新によって近代国家への道を歩み始めた日本にとって朝鮮半島の独立と安定は地政学的に死活問題だったが、清国の露骨な介入で不安定極まりない状況にあった。そのような緊迫した状況下で日清戦争が勃発し、日本の勝利に終わった。日本は下関条約で、朝鮮半島の独立確認と、遼東半島および台湾の割譲を清に認めさせた。

しかしロシアを中心とする三国干渉に直面し、遼東半島をロシアに奪われ、朝鮮半島の独立が再び脅かされる結果となり、日露戦争へとつながっていった。

日露戦争に勝利した日本は、ポーツマス条約でロシアから満州及び朝鮮半島からの撤退と樺太南部の割譲を勝ち取った。

その後、辛亥革命がおこり中華民国の成立によって清の皇帝溥儀が退位して清は滅び、皇帝溥儀は父祖の地である満州へ退いた。このような歴史の激動の中、日本の東亜安定の大方針の下、清国最後の皇帝となった愛新覚羅溥儀を皇帝に立てて、１９３２年、王道楽土、五族協和の理想を掲げて満州国が建国された。

豪傑トシさんと藤原岩市少佐の出会いが歴史を大転回させた

昭和16年1月初旬、満州にいるトシサンの下に、東京の陸軍参謀本部から急な呼び出しの電報が届いた。トシサンはこの異例の電報の意味するところを直感的に理解した。

風雲急を告げる国際情勢の中にあって、日本の取るべき道を彼なりに把握していたからだ。四面楚歌の立場に立たされた我が国の進むべき道は、アジア諸民族とともにアジア諸国の独立のために立ち上がるしかないと思っていたのであった。

この電報はいよいよその時が来たということだと……。

トシサンの直感はズバリ当たった。参謀本部は、マレー・シンガポール作戦の事前工作を任せた藤原岩市少佐（当時大尉）の片腕として、リュシコフ大将を逮捕してすっかり有名になったトシサンの度胸と戦闘力に期待したのだ。

上京したトシサンは、陸軍参謀本部の一室で、藤原岩市少佐を紹介された。互いに名乗りあった二人は、瞬《まばた》きもせず双眸《そうぼう》を見つめあったその瞬間に、生死をかけて理想と使命感を共にする決意を分かち合ったのだった。この時、神本利男36歳、藤原岩市33歳。

その夜、二人は藤原のなじみの店で痛飲した。アジア解放に命を懸けることになる二人の同志の固めの杯であった。

♬男の酒の嬉しさは　たちまち通う意気と熱
人生山河険しくも　君杯をあげ給え
いざ我が友よ　まず一献♬

この出会いが世界の歴史を大転回させる出発になろうとは、まさに神のみぞ知る運命の日となった。

大東亜戦争は、日本の自存自衛（国家の独立維持）と東亜新秩序の建設つまりアジア諸国の植民地からの解放と独立が目的だったことは、すでに述べた。その目的のため最も重要な作戦が、マレー・シンガポール作戦だった。

そしてこの作戦は、トシサンやハリマオなどの活躍もあって、日本の大勝利に終わった。シンガポールに追い込まれたイギリス軍のパーシバル将軍が、日本軍司令官山下奉文《ともゆき》将軍との会談で無条件降伏したのである。このとき山下将軍の「イエスかノーか」と詰め寄ったシーンはあまりにも有名。開戦からわずかに70日後のことであった。

その後、日本軍は、インド独立運動家のリーダー、チャンドラ・ボースを、亡命先のドイツから日本の潜水艦で隠密裏にシンガポールに招き、彼を首班とする自由インド臨時政府を立ち上げ、同時にインド国民軍を結成したのである。

この実現の裏には藤原岩市の活躍があった。インド国民軍の兵士は、英軍の降伏によって日本軍の捕虜となった者たち、英印軍中のインド兵5万人。彼らはマレーと同じく英国の植民地であったインド本国から英軍の兵士として連れられてきていた若者たちだった。藤原は、彼らに祖国インド独立のために戦う自由を与えた。

このインド独立の作戦をインパール作戦という。結果は無残な敗北に終わったが、確実にインドの独立と日印の深い友情の礎になった。


マレー・シンガポール作戦大勝利の立役者となったトシサンも、このインパール作戦に参加していた。過酷な環境の中獅子粉塵の活躍をしていたが、マレー作戦でのハリマオと同じくマラリアにやられ、戦地のジャングルの基地で意識朦朧としているとき、藤原少佐が訪ねてきた。藤原もまたマラリアに罹患していたが、小康を保っていた時だった。

「トシサン、俺と一緒に潜水艦で日本へ帰ろう。このままでは戦えないし、日本で治療して出直すのだ」

二人は2隻の潜水艦に分乗し、ペナン港を日本へ向けて出発した。

しかし、トシサンが乗った潜水艦だけが、米軍のレーダーに捕捉されて、南シナ海で撃沈されたのだ。昭和19年9月30日のことだった。

人類史に偉大な功績を残したハリマオとトシさん二人の快男児は、アジア解放の日を見ることなく南十字星の下に散っていった。

第3話　インド独立の母　藤原岩市

同志を敵中に求めるF機関の作戦

「ノダ、俺の先祖は、インドからこの地に移住してきて、マレーシア国民になった。その俺の立場からすると、日本にはどれだけ感謝しても感謝しきれないのだ。なぜなら、このマレーシアだけでなく、俺の父祖の国インドの独立も、日本のおかげだからな」

ラティフの熱弁は続く。

「その中で最も大きな働きをした日本人が3人いる。ハリマオとトシさん、そしてフジワラだ。前の二人のことはもう話したから、今日はフジワラ（藤原岩市）のことを話すよ」

「藤原は、マレー・シンガポール作戦の事前工作を企画し、トシさんやハリマオと組んで偉大な仕事をしたことは先に話した通りだ。しかし、藤原は、マレーに長年君臨していたイギリス軍が、シンガポールで日本軍に無条件降伏したあと、今度はインドの独立に向けて起ち上ってくれたのだ」

「まず、マレー・シンガポール作戦での藤原の働きから話そう。彼の役割は諜報《ちょうほう》活動だ。彼が責任者である諜報機関が『F機関』と呼ばれていたことは前に話した通りだ。藤原の頭文字のF、フリーダム（自由）のF、フレンドシップ（友情）のFをとってつけられたのだけど、藤原の思想を表現した素晴らしいネーミングだったと、アジアの歴史家たちは高く評価しているよ」

「藤原機関長は、開戦前の早い時期にマレーの隣国タイに潜入してインド独立運動家たちとひそかに接触していたんだ。――L（インド独立連盟）指導者のアマールシンや書記長のプリタムシンなどだ。この組織はタイのバンコックに本部を置いていた秘密結社さ」

ここで藤原岩市著になる『F機関』を参考に、今少しこのあたりの状況を捕捉説明しておきたいと思う。

藤原機関（F機関）は、総勢11人のメンバーから始まった。与えられた作戦（任務）は、ハリマオを通じてのマレー人対策のほか多岐にわたっていたが、なかでもIIL（インド独立連盟）の運動を支援して、マレーに駐留しているイギリス軍中のインド兵に降伏を呼びかけて捕虜にし、祖国インド独立の同志とすることは重要任務だった。

この作戦を実行するにあたって藤原は、部下に対し次の基本方針を伝えている。

1、同志を敵中に求めるための勇敢な行動を心掛ける。

2、口先の宣伝より垂範《すいはん》（上に立つ者が模範を示すこと）実行する。

3、約束は必ず守って実行する。

4、誠意と親切と情義（人情と義理）を第一とする。

5、IILメンバーと生死や苦楽を共にし、衣食住は彼らの風習に合わせる。

6、住民の所有物を不法に取得しない。（物はとるな）

7、暴力は絶対に行使しない。（乱暴はするな）

8、軍の威をかさにきての不遜の言動をしない。（威張るな）

私は、これを読んでいたく感動した。日本の青年海外協力隊が、欧米の協力隊（平和部隊）と比較して断然評判がいい理由は、現地の生活習慣に溶け込んで、しかも威張らないからだ。このF機関の方針は、まさに日本人本来の国民性なのかもしれない。とにかくF機関はこの方針を貫いて成功したのだ。

武器を持たず敵中のインド人将兵に投降を呼びかける

マレー・シンガポール作戦の緒戦となったタイとマレー国境線近くのイギリス軍のジットラ陣地を陥落させた日本軍は、隣町のアロルスターをその勢いで落とし、破竹の勢いで南下していた。

ここから、ラティフの熱弁が佳境《かきょう》に入っていく。

「藤原とF機関そしてプリタムシンなどのインド独立を目指すIILのメンバーは、アロルスターが陥落した直後にこの町に入ったのさ。その中心地にあった警察署にインド国旗を掲げ、IILとF機関を表示した横断幕を張ったところ、インド人やマレー人の民衆が大勢集まってきたのだ。そこでまず、プリタムシンが民衆の前に立って、IILの独立運動のこと、日本軍のIILの活動への誠意ある援助について演説すると、民衆は歓呼をもってIILの活動と日本軍への協力を誓い合ったのだ」

「その群衆の中にいた近郊でゴム園を経営しているインド人が、重要な情報を藤原に持ってきたんだ。日本軍の猛攻に逃げ遅れたイギリス軍の部隊が自分のゴム園に隠れていて、隊長だけがオランプテ（白人）で、他はみんなインド人将兵ばかりだということ、そして投降する可能性があるという情報だ」

「藤原は、周りが制止するのも振り切って、単身で、そのゴム園に乗り込んでいったのさ。しかも武器は一切持たずにだよ。勇気ある行動と垂範を身をもって示したんだ。プリタムシンが一緒に行くといって聞かなかったそうだが、藤原は、あなたはインドの独立のためになくてはならない人だ。私の代わりは日本軍にいくらでもいるといって連れて行かなかったそうだ。

そして敵のオランプテの隊長と差しで会って、誠心誠意投降を勧めたのさ。敵の隊長は、藤原の勇気と誠意に感動して、涙ながらに降伏文書にサインしたそうだよ」

「こうして、イギリス軍に組み込まれていたインド人の将兵は、日本軍に投降し、祖国インド独立運動の同志となってＩＩＬとともに活動をする立場に変わったのさ」

「藤原の方針だった同志を敵中に求めて成功した最初の出来事となったのだ。このことがきっかけとなって、ＩＩＬとＦ機関は、日本軍の侵攻に先回りして、イギリス軍中のインド兵に飛行機からビラをまいたり、既に降伏したインド人将兵がマイクで降伏してともにインド独立運動に加わるよう呼びかけ、イギリス軍をかく乱させることに大成果を上げていった」

「アロルスターで降伏したインド人将兵の中にモハンシン大尉がいたのだ。彼は、その後の作戦において目覚ましい活躍をして、イギリス軍が降伏したのちシンガポールで結成されたインド国民軍（ＩＮＡ）の創設者となって、インドの独立の歴史的英雄となったその人物だったのさ」

インド人将兵から寄せられた絶大な信頼

藤原岩市少佐が、Ｆ機関長としてマレーシア独立だけではなく、インドの独立に極めて大きな貢献をし、「インド独立の母」と呼ばれ、インド独立史に燦然と輝く存在になったのには、英軍から投降（降参すること）し捕虜となったインド人将兵から寄せられた絶大な信頼があったからである。その信頼を得るに至ったきっかけとなったエピソードを『Ｆ機関』（藤原岩市著）からいくつか紹介したい。

Ｆ機関の作戦で最初に英軍から投降し、日本軍の捕虜となったインド人将兵の中にモハンシン大尉がいた。藤原少佐はそのモハンシン大尉のグループとＩＩＬ（インド独立連盟）のプリタムシン・グループ、そしてＦ機関との会食をすることにした。そして藤原少佐の希望で食事は捕虜となったインド人兵士の手作りのインド料理となった。

その会食の冒頭、モハンシン大尉が立ち上がって、次のようなスピーチをした。

「戦勝軍の要職にある日本軍参謀が、一昨日投降したばかりの敗残兵捕虜、それも下士官まで加えて、同じ食卓でインド料理の会食をするなどということは、英軍の中では夢想だにできないことだった。英軍の中では同じ部隊の戦友でありながら、英人将校がインド兵と食事を共にしたことはなかった。インド人将校の熱意にかかわらず、将校集会所で、時にインド料理を用いてほしいと願う我々の提案さえ入れられなかった」

「藤原少佐の、この敵味方、勝者敗者、民族の相違を超えた温かい催しこそは、一昨日来我々に示されつつある友愛の実践であるとともに、日本のインドに対する誠意の百万言にも勝る実証である。インド兵一同の感激は表現の言葉もないほどである」

私もマレーシア時代に何度も経験したが、マレー料理も激辛だが、インド料理は超激辛だ。それを右の手5本の指で口に運ぶ。これが慣れないと結構難しい。その辛さに驚き、不器用に手づかみで食べる姿を見て、現地の人々は大喜びして、親近感を持ってくれるのだった。

この会食で、インド人の将兵が大いに喜び、大笑いし、一気に打ち解けていった様が、私には目に浮かぶ。

実は、ラティフからその話を聞いていた際も、彼の自宅で、奥方の手料理になるインドカレーをご馳走になっていた。あまりに辛いので目を白黒している私を見て、彼の家族みんなが大笑いして、すっかりラティフ家の家族の人気者になった。

ちなみに、その辛さも慣れてくると、辛さにもいろいろな辛さがあり、おいしいと感じるようになるものだ。今はあの辛さが懐かしい。

モハンシン大尉によるインド国民軍（ＩＮＡ）創設

次に、モハンシン大尉によるインド国民軍（ＩＮＡ）の創設に関するエピソードである。このＩ

NAが、のちにインド独立の主力となったのだから、この場面は、ラティフの話に戻ろう。

「1941年12月31日、F機関にモハンシン大尉が藤原機関長を訪ねてきたのだ。モハンシン大尉は、そこで初めて藤原に、インド国民軍創設の決意を語ったのさ」

その時、モハンシンが藤原に語った構想と支援の依頼は下記の通り記録に残っている。
1、モハンシン大尉が中心となってインド国民軍の編成に着手すること。
2、日本軍の全幅の支援をお願いしたいこと。
3、INAとIILは互いに協力すること。
4、日本軍はインド兵捕虜の指導をモハンシン大尉に委任すること。
5、日本軍はインド兵捕虜を友情をもって遇し、INAに参加を希望する者は解放すること。
6、INAは日本軍と同盟関係の友軍とみなすこと。
(『F機関』より引用)

「インド国民軍創設の構想を語ったモハンシンは、藤原の手を固く握って『故国インド本国に残してきた結婚間もない妻や家族は、自分の決起で、英軍から迫害を受けるであろうし、それは他の仲間も同じです。しかし、我々は、敬愛する藤原少佐という心友を得たのです。もはや祖国の独立のために、自分の命と最愛の家族の命を捧げることに何らの躊躇もありません。この覚悟を決めたINA将兵の戦力は、英軍の一員であった当時とは面目を一新するでしょう』と語ったそうだ」

「インド独立の歴史に、永遠に記録されるべきINAが、ここマレーはペラク州の首都タイピンにおいて産声を上げた瞬間だ」

話すラティフとそばで一緒に聞いていた彼の家族は、感涙にむせんだのだった。もちろん私も。

このモハンシンの申し出のINA（インド国民軍）創設の構想は、藤原から現地の日本陸軍中枢に報告されて許可を得、その後の作戦はこの構想を基軸に進められることとなった。

敵である英軍内で多数を占めるインド人将兵は、インド本国から召集されてマレー（現マレーシア）に派遣され、日本軍と激戦を繰り広げているのである。

その英軍から投降したインド人将兵が、日本軍の捕虜になるのではなく、マレーと祖国インド独立を目指して日本軍と共に、たった今まで属していた英軍と戦うという構図こそ、アジアの解放を目的とした大東亜戦争の意義を最も表している。

その後のモハンシン率いるINAの活躍は目覚ましく、2～3名を1班とする宣伝班を組織して、猛攻を続ける日本軍の前線を後方から突破して、英軍の陣営に侵入し、英軍内のインド人将兵に、直接、投降とINAへの参加を呼び掛ける捨て身の活動で成果を上げていくのだったが、もっと大規模に投降を呼びかけるために、藤原と相談のうえ、日本軍の協力を得て、日本陸軍の戦闘機から、投降を呼びかけるビラを空中から散布するなどの活動が功を奏し、インド人将兵が陸続として白旗を振って投降してきたのであった。

このINAは、後に、シンガポール陥落後、同地で樹立されたインド独立臨時政府の正規軍「インド国民軍」として、無条件降伏した英軍に残っていたインド人将兵5万人を加えて改めて結成され、インド国民に独立への希望と勇気を与えたのだ。

さて、『F機関』からの引用に移る。

そんな時、藤原は、前線で活躍するＩＮＡ（インド国民軍）、ＩＩＬ（インド独立連盟）、そしてＦ機関員の労をねぎらい戦意を鼓舞するため、前線に視察に出向いていった時のエピソードがある。その途上、ジャングルやゴム林から白旗を掲げて降伏してくるインド人将兵の集団が後を絶たない。ひっきりなしに投降兵と遭遇する。

予想をはるかに超えるインド人将兵の投降に対応する必要に迫られ、藤原は、一旦、前線からイポーの町にある作戦本部に帰還することとし、投降したばかりのインド人将兵約３００人とともに、捕獲した敵の車両に分乗してイポーの町へ向かった。

藤原の乗ったジープは、運転手を含めて、たった今投降してきたインド人将校３名を同乗させた。一人のＦ機関員もＩＮＡもいない。日本人は藤原だけ。この自動車行軍のさなか、藤原は隣のインド人将校の肩にもたれて大いびきで熟睡したというのだ。起こされた時はすでに夕刻、イポーの本部に到着した時だった。

投降したばかりのインド人将校の肩にもたれて車中で雷のようないびきをかいて眠りこけた藤原の豪胆さは、投降するインド兵への信頼の表れとして評判になり、結果的に、インド人将兵の藤原とＦ機関への信頼をいやがうえにも高める結果となった。

「ブキ・パンジャンの奇跡」

さて、いよいよ、この物語もクライマックスに入る。

やはり、ここはこの歴史の主役であった藤原少佐の歴史証言集である『F機関』を参考に、一部引用させていただいて、可能な限り史実に忠実に、表現したい。

マレー・シンガポール作戦の勝敗を決した「ブキ・パンジャン十字路」の奇跡的勝利から始めよう。

昭和16年12月8日、マレー・シンガポール作戦は始まり、日本軍は破竹の勢いでイギリス軍をシンガポールに追い込み、わずか50日でマレー半島1000キロを制圧した。

そして、いよいよイギリスのアジア支配の拠点シンガポール攻略となった。

昭和17年2月8日、近衛師団による「陽動作戦」から日本軍の攻撃は始まった。しかし、追い込まれたイギリス軍の死に物狂いの反撃は熾烈を極め、日本軍は苦戦を強いられていた。

その時、日本軍はイギリス軍を3万と推定していた。対する日本軍は戦闘可能な兵力は2万。しかも弾薬は残り少なくなっていた。イギリス軍の猛反撃に苦戦を強いられ緒戦ですでに30％を超える損害（死傷者）をだし、弾薬も底をつき、窮地にあった日本軍を救ったのは、F機関とインド国民軍（INA）の活躍だった。

2月13日、激戦が続くブキ・パンジャンの十字路正面の英軍1個大隊は、インド兵部隊だった。

F機関の中宮中尉とＩＮＡ宣伝班長のアラデタ大尉は、日本軍の最前線に進み、ヤシの樹を楯に身を防御し、インド人将兵に対し大音声で、投降を呼びかけ、「インド民族の解放と自由、祖国の独立のためにともに立ち上がろう」と、説得したのだ。

そのアラデタ大尉の生死を超えた肺腑からほとばしる声は、敵陣営のインド人将兵の魂を揺さぶり、銃撃を中止し、この投降勧告に耳を傾けさせた。

そして、感動の奇跡は起こった。インド人将兵はこれに共鳴し歓呼の声を上げて投降したのだ。その数約１０００名。

この瞬間から戦況は一転した。前線のインド兵投降のニュースは瞬く間に英軍中に拡散し、インド人将兵は戦意を失った。

インド人将兵なしでは英軍に戦闘力はない。

英軍は、ついに降伏を申し出、2月15日午後4時の、山下奉文将軍とパーシバル将軍との会見となり、英軍の無条件降伏となったのである。

この時、降伏し日本軍に接収されたインド人将兵5万人、なんと英軍全体で日本軍の数倍もの兵力だったことが分かった。もし、ブキ・パンジャンの奇跡がなかったなら、弾薬も底をついていた日本軍の運命は極めて悲惨な結果となって、その後の世界史は今とは全く違ったものになっていたのは間違いない。

「ファラパークの演説」

インド独立運動史に残る藤原少佐の「ファラパークの演説」は、圧巻だ。捕虜となり日本軍に接収されることになったイギリス軍内のインド人将兵の引き渡し式が、昭和17年2月17日、ファラパーク公園で行われることになった。

接収作業を任されたF機関長藤原岩市少佐は、会場に集結した捕虜となった5万人のインド人将兵を前に、インド独立連盟（IIL）と、インド国民軍（INA）のこれまでの偉業をたたえた後、彼は次のような歴史に残る大演説をした。これが有名な「ファラパークの演説」だ。ご本人の著書『F機関』から引用させていただく。

「日本軍は、諸君を捕虜としては見ていない。兄弟の情愛をもって見ている。日本軍は諸君と戦うべき理由は何もない。今まで諸君と武器を取って戦わなければならなかった宿命を悲しく思っていた。しかし、今、我々はその宿命から解放されたのだ」

「そもそも民族の光輝ある自由と独立とは、その民族自らが決起して、自らの力をもって戦い取るものでなければならない。日本軍は、諸君が進んで祖国の解放と独立の戦いのために忠誠を誓い、インド国民軍（INA）に参加を希望するならば、日本軍捕虜としての扱いを停止し、諸君の祖国インド独立の闘争の自由を認め、その戦いを全面的に支援するものである」

日本語を英語に、そしてヒンズー語に通訳され40分に及んだこの藤原機関長の演説が終わるや、会場のファラパークを埋め尽くした5万人のインド人捕虜は総立ちとなり、無数の帽子は宙に舞い、狂喜歓喜したと、藤原岩市の手記『F機関』に記録されている。

嗚呼《ああ》、人類史上、敗戦した軍の5万人もの捕虜をその場で解放し、武器を与え、祖国独立のために戦うことを勧め、これに全面的支援を約束するなどという情景が、この地球上で繰り広げられたことがあっただろうか！

昨日まで生死をかけて戦っていた敵と敵なのだ‼

このファラパークの演説こそ、日本の大東亜戦争の真の意義を凝縮している。

この演説が、インド独立に決定的影響を持つに至ったインド国民軍（ＩＮＡ）が、本格的に創設された瞬間ともなったのだ。

まさにインド国民軍の生みの親となった藤原岩市は、インド独立運動史に永遠に消えない功績をもって「インド独立の母」と、インド国民に永遠に称えられる存在となり、日印の友好の礎となった。

「チェロ・デリー‼」日本の敗戦2年後にインド独立

その後、インド独立運動の指導者チャンドラボースを首班として、昭和17年7月4日、シンガポールにおいて、「自由インド仮政府」が樹立された。

そして、この自由インド仮政府のもと、インド国民軍と日本軍の共同作戦として、インド独立を目指してインドに攻め込むことを目指した「インパール作戦」が実行される。

作戦の実行に当たって、チャンドラボースは、インド国民軍を前に、合言葉として「チェロ・デリー‼」

と雄叫びを上げた。デリーは当時のインドの首都。「デリーへ行け」という意味である。そして演説の最後を次のように締めくくった。

「現在私が、諸君に呈上《ていじょう》しうるものは、飢渇《きかつ》（飢えと渇き）、欠乏、その上に、進軍、また進軍、そして死以外なにものでもない。しかし、諸君が生死を私に託して従うならば、私は必ずや諸君を、勝利と自由に導きうると確信する。

我々の中、幾人が生きて自由インドを見るかは、問題ではない。我々の母なる国、インドが、自由になること、インドを自由にするため、我々のすべてを捧げること、それで十分なのである」（『F機関』より引用）

集まった数万のインド国民軍兵士や市民による「チェロ・デリー‼」「チェロ・デリー‼」の大合唱は、シンガポールの抜けるような青天にも届けとばかりに、いつまでもシンガポールの街を轟かせた。

インパール作戦は、過酷な戦いだった。インド兵も、日本軍将兵も、おびただしい戦死者、戦傷者を出し、撤退を余儀なくされた。

そして、昭和20年8月15日、大東亜戦争は終結し、9月2日降伏文書への調印で日本の敗戦が決定した。

終戦後、インドの植民地政府（英国）は、インド国民軍の敗残兵を捕らえ、国家反逆罪で裁判を開いた。しかし、さすがに温和なインド国民も、その怒りはすさまじく、すべての国民はゼネストに参加し、この裁判に猛抗議した。植民地政府や軍も機能不全に陥り、独立を認めざるを得ないことを悟ったイギリス本国政府は、１９４７年8月15日、インドの独立宣言を認めたのであった。

チャンドラボースはこの日を見ることなく終戦直後の8月18日、台湾上空で飛行機事故で帰らぬ人となった。しかし彼の演説の通り、インドとインド国民を勝利と自由に導いたのである。

そして、チャンドラボースは死して「インド独立の父」となった。

藤原は、終戦後、自衛隊創設の翌年、昭和30年自衛隊入隊。第一師団長を最後に昭和41年退職。昭和61年、インド独立の母と称えられた、一世の英雄藤原岩市は、その波乱の生涯を閉じた。享年77歳。

しかし、藤原の気高い理想と精神は、着実に自衛隊に受け継がれたのであった。

藤原の魂は、天国でハリマオこと谷豊、トシサンこと神本利男と、そして、靖国神社に眠る多くのご英霊とともに、日本とアジアの平和と発展を見守り続けている。

以上

本冊子を発行した理由

今、我が国は、30年に及ぶ長いデフレ不況のトンネルから抜け出せず、加えて昨年来の武漢発新型コロナウイルス騒動で、自粛の連続で経済はさらに低迷し、国民の気力体力は奪われ、意気消沈しています。

たまたま75歳になったのを機に、16年間務めた通信制高校の校長を退任したのをきっかけに、かねてからのライフワークの仕上げに踏み出す決意を致しました。それは「教育再建から国家の再建へ」という若いころからの私のこころざしです。

まずその一歩は、国民意識高揚読本の執筆と出版でした。執筆を進めていく過程で、出版の前に、一人でも多くの皆さんに届けたいという思いが募って、フェイスブックでの投稿を思いつきました。その結果、令和3年6月10日から7月29日までの50日間、連日投稿を続けて、完了したところです。

表題は「国民意識高揚読本」サブテーマは「もう一度、上を向いて歩こう」です。

内容は

第1章「引きこもりの苦しみの中にいらっしゃるご本人とご家族へのエール」

第2章「働く皆さんへのエール」

第3章「教育者の皆さんへのエール」

第4章「日本人の誇りを取り戻す~人種差別と植民地時代に幕を降ろした日本」

です。

おかげ様で多くの読者の皆様の好評をいただきましたが、特に第４章について出版してほしいというご要請が相次ぎ、出版するならば広く多くの国民の皆様に読んでいただけるよう小冊子にして廉価でご提供しようと思い立って、昔からの同志である高木書房の斎藤信二社長にご相談して実現したのです。

第４章の内容は、アジア独立の突破口となった大東亜戦争における日本のマレー・シンガポール作戦の歴史秘話です。私が、昔、青年海外協力隊で派遣されたマレーシア時代の現地の人々から聞いた日本人３人の活躍を中心に、ノンフィクション風にまとめたものです。

この冊子が一人でも多くの皆様に読んでいただいて、日本の近代史の真実を知っていただき、日本人の誇りを取り戻し、今の意気消沈した閉塞感を吹っ飛ばすエネルギーになればと思ったことが、本冊子出版の理由です。

なお、「国民意識高揚読本」の連載記事をお読みになりたい方は、フェイスブックで野田将晴を検索していただくとお読みになれます。

理窟抜き、愚痴抜き、弱気抜き

上を向いて歩こう会　会長　野田将晴

野田将晴（のだまさはる）プロフィール

昭和２０年７月２９日生まれ
出身地　　熊本県熊本市
居住地　　熊本県天草市
昭和３９年～昭和５１年　熊本県警察官
昭和４５年～４７年青年海外協力隊（マレーシア・柔道、逮捕術指導）
元号法制化運動に没頭するため警察官を辞職
熊本市議会議員（１期）
熊本県議議会議員（３期）
漁火会の政治改革運動に参加し代表幹事に就任（平成５年から国政選挙に数回挑戦するも落選）
平成１７年４月開校の私立通信制高校の初代校長就任
令和３年３月校長辞任（１６年間在職）
同年４月、「上を向いて歩こう会」設立、会長就任
同年６月～７月「国民意識高揚読本＜もう一度上を向いて歩こう＞」をFB上で５０回にわたって連載投稿
同年７月、高校生用「主権者教育補助教材」及び「道徳教育補助教材」の出版計画を発表
柔道６段

著書：『教育者は、聖職者である。』『高校生のための道徳　この世にダメな人間なんて一人もいない!!』（いずれも高木書房）

人種差別と植民地時代に幕を降ろした日本

令和３（2021）年９月16日 第１刷発行

著　者　野田 将晴
発行者　斎藤 信二
発行所　株式会社　高木書房
〒116－0013
東京都荒川区西日暮里5－14－4－901
電　話　　０３－　５６１５－　２０６２
ＦＡＸ　　０３－　５６１５－　２０６４
メール　　syoboutakagi@dolphin.ocn.ne.jp
装　丁　　株式会社インタープレイ
印刷・製本　株式会社ワコープラネット

乱丁・落丁は、送料小社負担にてお取替えいたします。
定価は表紙に表示してあります。
 ISBN978-4-88471-821-3　C0021

野田将晴

教育者は、聖職者である。

通信制高校の校長時代の著。なにゆえ子供たちの心は歪むのか。「戦後教育」はこれでよかったのか。「戦後のタブー」に挑戦し続ける若い教師たちがいる。本書に「教育再生」の答えがある。

四六判ソフトカバー　定価一四三〇円（本体一三〇〇円＋税10％）

野田将晴

高校生のための道徳　この世にダメな人間なんて一人もいない!!

本書は、教育現場で道徳授業の副教材として使用している本。引きこもりや不登校で苦しんできた生徒たちが、自信と誇りを取り戻し、見事に立ち直っていく過程が手に取るようにわかる。人間形成のテキストとしても活用できる。

四六判ソフトカバー　定価一一〇〇円（本体一〇〇〇円＋税10％）

服部剛

教室の感動を実況中継！

先生、日本ってすごいね

公立中学校の教師が、日本の歴史を否定的に教える教育現場の中にあって、史実に基づいた日本人の姿を生徒と共に追体験する。18項目を収録。その全てが日本人の心を揺さぶる。真実の歴史は間違いなく伝わることを証明している。

四六判ソフトカバー　定価一五四〇円（本体一四〇〇円＋税10％）

吉田好克

続・言問ふ葦

ＧＨＱの占領政策ＷＧＩＰ（日本人に戦争の罪悪感を植え付けるための教育計画）は、徹底的な情報操作により戦後日本人の「血液」を入れ替え、今なお日本人の思考を呪縛しているが、その呪縛を解くための著者渾身のコラム集。

四六判ソフトカバー　定価一六五〇円（本体一五〇〇円＋税10％）

染谷和巳

人を育てる行動の指針

指導者として成功するための十三の条件

人は人によって育てられるが、時には潰される。その違いは何か。究極人は自分を認めてもらいたい。真に愛情ある指導者として厳しくなれるかどうか。社長や上司、教師、親など、今の時代だからこそ必要な人を育てるための行動の指針。

四六判ソフトカバー　定価一七六〇円（本体一六〇〇円＋税10％）

斎藤信二

社会に法則あり　素直に行動　素直に生きる

〜私 本気なので！〜　長原和宣第2弾

長原氏は20代、強度な覚醒剤中毒に陥った。現在は前科者も雇用する中小企業の経営者。死んでもおかしくなかった体験から一度の人生を真剣に生きている。どうすれば自分を変えることができるか。体験談だけに分かり易い。講演承り中。

四六判ソフトカバー　定価一五四〇円（本体一四〇〇円＋税10％）

高木書房